Max Hamilton

I0014570

CRIPTOMONEDA: BÚSQUEDA DE CADA CONCEPTO ACERCA DE ETHEREUM, BITCOIN, BLOCKCHAIN

Traducido por
Arturo Juan Rodríguez Sevilla

Editor: Tektime

Este documento está orientado a proporcionar información exacta y fiable en relación con el tema y la cuestión tratados. La publicación se vende con la idea de que el editor no está obligado a rendir una contabilidad, oficialmente permitida, o de otro tipo de los servicios calificados. Si el asesoramiento es necesario, legal o profesional, se debe ordenar a una persona que ejerza la profesión.

- De una Declaración de Principios que fue aceptada y aprobada por igual por un Comité de la Asociación Americana de Abogados y un Comité de Editores y Asociaciones.

De ninguna manera es legal reproducir, duplicar o transmitir cualquier parte de

derechos de autor que no estén en posesión del editor.

Contenidos

Introducción 1

Capítulo 1: Origen de Bitcoin............3

Capítulo 2: ¿Necesita una cartera Bitcoin?......................................31

Capítulo 3: Pasando a Blockchain ...38

Capítulo 4: Todo lo que necesita saber sobre Ethereum 61

Conclusión 87

Introducción

¿Alguna vez se ha preguntado qué contribuyó al boom de Bitcoin? Se ha llevado el mercado global por un auge. En un corto espacio de tiempo, ha cruzado algunos hitos importantes, y puede que se pregunte cómo empezó todo.

Aparte del hecho de que el Bitcoin está descentralizado, el hecho de que fuera la primera criptomoneda en trabajar con la tecnología de la cadena de bloques, contribuyó a su éxito. La tecnología de la cadena de bloques es algo de lo que la mayoría de los grandes sistemas del mundo tendrán que depender en un futuro próximo, y lo veremos en detalle a continuación.

En este eBook, echaremos un vistazo a las principales bitcoins en criptomonedas, cómo las alternativas populares como Etherium son el camino a seguir si usted está buscando ganar dinero a través de criptomoneda, cómo funciona la tecnología de la cadena de bloques, y cómo usted podría hacer las mejores inversiones. Echaremos un vistazo a todo lo que necesita saber sobre las criptomonedas en sí, y cómo pueden diferir entre sí.

Capítulo 1: Origen de Bitcoin

Su origen básico se remonta a principios de 2008, cuando todo el mundo sufrió un colapso económico. Una avería estaba en camino para el mercado global. Fue durante este período cuando se realizaron las diversas reformas económicas para sacar al mercado de una situación caótica. Un organismo monetario central se encargó de comprobar las medidas de reforma que podían adoptarse de todas las maneras posibles para encontrar una solución.

Durante esta situación de crisis, la primera idea de la cadena de bloques fue conceptualizada a principios de 2008, por una persona o grupo anónimo, conocido como Satoshi Nakamoto. Nadie sabe realmente quién es - aunque se ha teorizado que es japonés - pero en 2009, Bitcoin empezó a servir como el libro de contabilidad público para todas las transacciones. La invención del modelo de cadena de bloques para Bitcoin lo convirtió en la primera moneda digital disponible en el mundo para resolver el problema del doble gasto sin necesidad de una autoridad de confianza más costosa ni de un costoso servidor central. La cadena de bloques es la principal innovación de Bitcoin.

Durante esta situación, una persona o grupo ficticio llamado Satoshi Nakamoto presentó una idea revolucionaria de transacciones virtuales o moneda sin dinero en efectivo. Esta idea tenía tanto ventajas como desventajas. Las ventajas eran que estaba completamente descentralizado.

Un método que era el más buscado por la gente común. Se conectarían directamente con sus pares para cualquier actividad relacionada con las transacciones. Pero la desventaja era que tenía una centralización basada en el mercado. Pero buscando la ventaja más importante - la descentralización -, Bitcoin se convirtió en la moneda criptográfica más popular y poderosa.

Cripto Moneda - ¿Qué es?

Para elaborar sobre Criptomeda: es un tipo de moneda digital, en la que la emisión y contabilidad de las transacciones se basa en métodos criptográficos. Se trata del método de protección Proof of work (* del inglés "prueba de trabajo") y tiene un cifrado asimétrico, por lo que el sistema funciona de forma descentralizada en un sistema de red informática distribuida.

Además, en el caso de la divisa criptográfica, no es posible cancelar o devolver los fondos enviados al beneficiario. Sin embargo, existen varias oportunidades para continuar las transacciones que involucran a cualquier intermediario en el ínterin, cuando el consentimiento requerido de las tres o de cualquiera de las dos partes es necesario para completar o incluso cancelar la transacción. Y el saldo no puede ser congelado por la fuerza o recuperado sin acceso a la frase clave privada del propietario, aunque las partes de la transacción tienen la opción de bloquear temporalmente sus fondos como garantía, de forma voluntaria.

En la actualidad, todas las monedas criptográficas existentes en la actualidad se utilizan de forma anónima: todas las transacciones están a disposición del público, pero no existe ningún defecto particular que vincule a una persona en particular, aunque la identidad del cliente se puede establecer fácilmente si se puede encontrar la información privada adicional necesaria.

Entendiendo Bitcoins

Ahora, vamos a tener algunas ideas más sobre el uso de esta revolucionaria idea de Bitcoin. Para empezar, uno debería tener instalada una aplicación de billetera Bitcoin en su ordenador o teléfono móvil, lo que le permitirá generar una primera dirección Bitcoin y se podrán crear más direcciones siempre que sea necesario. Una vez que la dirección es generada, debe ser revelada a sus pares, parientes o amigos para que puedan pagar o viceversa. Esto es casi similar a cómo funciona un correo electrónico, excepto el hecho de que las direcciones de Bitcoin generadas pueden ser utilizadas sólo una vez.

La tecnología de la cadena de bloques no es más que un libro mayor público compartido del que depende todo el sistema de la red Bitcoin. Todas las transacciones exitosas se presentan en la cadena de bloques (blockchain). De esta forma, las billeteras Bitcoin calculan el importe del saldo de su usuario que se puede gastar y las nuevas transacciones se pueden verificar como un conjunto de gastos de Bitcoins que son básicamente propiedad del usuario de la billetera. La integridad, seguridad y el orden de las transacciones de la cadena de bloques se confirman con el método de criptografía avanzada.

¿Cómo se realizan las transferencias de Bitcoin?

En el método de cadena de bloques, se transfieren valores entre carteras Bitcoin que se añaden a la red de la cadena de bloques. Todos los usuarios tienen una llamada clave privada o semilla, y cada vez que accedas a tu monedero Bitcoin, es este código el que tienes que introducir ofreciendo un método que evita que la transacción sea manipulada por cualquier otra persona. Todas las transacciones de la cadena de bloques son transmitidas entre sus usuarios y retransmitidas durante diez minutos para evitar cualquier manipulación.

¿Qué es la minería?

Los usuarios pueden crear Bitcoin utilizando un proceso llamado minería. La minería actúa como un servicio de mantenimiento de registros que utiliza el poder de procesamiento de la computadora.

Los mineros son responsables de mantener la cadena de bloques de Bitcoin consistente, inalterable y completa. Su trabajo es verificar y recolectar las nuevas transacciones transmitidas en bloques una y otra vez. Todos los bloques están diseñados para tener un hash criptográfico de bloque que le precede y que actúa como un eslabón creando una cadena interminable.

Todos los nuevos bloques tienen que ser elegibles para unirse primero a esta cadena. Deben tener una prueba de trabajo, lo que significa que los mineros están obligados a encontrar un número que se conoce comúnmente como el nonce. Si el contenido del bloque se hashara con este número, el resultado sería menor que el objetivo de dificultad de la red Bitcoin. Aunque los nodos pueden verificar el resultado de esta prueba, es difícil crear este hash criptográfico. También lleva tiempo porque los mineros utilizan un método de ensayo.

El objetivo de dificultad depende del rendimiento reciente de la red y se modifica cada 2.016 bloques. El objetivo es mantener un tiempo medio de diez minutos entre bloques nuevos. Como resultado, el sistema se ajusta a la potencia minera disponible.

El sistema de prueba de trabajo, cuando se combina con el encadenamiento de bloques, es una fuerte protección de seguridad contra los atacantes que quieren modificar la cadena de bloques de alguna manera. Un hacker tiene que seguir cambiando los bloques subsiguientes si quiere que el sistema acepte incluso un bloque modificado.

Hay nuevos bloques que se están formando y extrayendo todo el tiempo, lo que sólo aumenta la cantidad de dificultad que uno puede enfrentar cuando se manipula la cadena de bloques. Los bloques se cortan del sistema cuando se finalizan las transacciones de Bitcoin.

Los mineros también tienen la opción de crear Bitcoin con la ayuda de un software especial que es útil para resolver problemas criptográficos. No sólo se podrá emitir Bitcoin fácilmente, sino que también se le animará a explotar más. Sin embargo, el sistema establece un número fijo de Bitcoin que puede estar en circulación en un momento determinado.

El proceso de minería es un método de evaluación distribuido que se utiliza para confirmar todas las transacciones en la cola añadiéndolas en la cadena de bloques. También es responsable de mantener un orden cronológico en el procesamiento de la cadena de bloques, ayuda a proteger la neutralidad de la red de la cadena de bloques y permite que varias computadoras de los usuarios se pongan de acuerdo sobre el estado actual del sistema de la red. Para que las transacciones sean confirmadas, todas las transacciones deben estar firmemente empaquetadas en un bloque de datos que se ajuste a todas las estrictas reglas del protocolo criptográfico que, en un momento posterior, será verificado por el sistema de red.

El proceso de minería está intencionalmente diseñado para ser intensivo en recursos naturales y también para que el número de bloques encontrados cada día por los mineros se mantenga constante en la naturaleza. Cada bloque debe contener siempre una prueba de trabajo que se considere válida. Esta prueba de trabajo es verificada por otros nodos Bitcoin existentes cada vez que reciben un nuevo bloque. Bitcoin utiliza el método de hash cash proof of work functioning. (* del inglés, técnica utilizada para limitar el correo basura y prevenir ataques)

Los Bitcoins, emitidos así con la ayuda del proceso de minería, son la mejor manera de mantener el anonimato de la transacción durante el trabajo, con moneda criptográfica. O bien, pueden ponerse en uso sólo después de haber recibido cientos de confirmaciones de red.

El término Bitcoin mining se llama así porque casi se asemeja al procedimiento de extracción de otros materiales. Es decir, necesita el proceso de esfuerzo, y gradualmente hace que la nueva moneda esté disponible lentamente a un ritmo que se asemeja al ritmo al que materiales como el oro y la plata son excavados y extraídos de la corteza terrestre.

Lo interesante de los mezcladores Bitcoin son los servicios utilizados por los clientes para crear una desorientación de la originalidad de los Bitcoins de los clientes reales. En términos más simples, limpia el dinero sucio que circula en el sistema. Aunque los servicios prestados no son gratuitos; cobran una pequeña cuota. Hoy en día, los mezcladores Bitcoin de todo el mundo intercambian los Bitcoins de un determinado cliente con los de otras personas al azar, ya sea para bien o para mal. Pero el hecho es que, desafortunadamente, esto también incluye el intercambio de los Bitcoins de un cliente con los Bitcoins contaminados de otras personas que podrían estar relacionados con cualquier dinero de la droga o cualquier otro financiado como dinero negro que ahora está conectado a la cartera de un cliente inocente.

Estas reglas de protocolo evitan que cualquier bloque previo existente sea alterado o modificado en un instante posterior porque el hecho de que ocurran tales cosas haría que todos los siguientes bloques de datos fallaran o los hiciera inválidos. El proceso de minería también hace un sistema seguro de una red de datos que evita que cualquier usuario individual agregue rápida y fácilmente nuevos bloques de datos consecutivamente en el sistema de la cadena de bloques. De esta manera, ningún individuo, o ningún sistema puede tener un control sobre lo que está incluido en la cadena de bloques o intentar reemplazar las partes de la red de la cadena de bloques para devolver sus propios detalles de gasto.

¿Por qué preferiría invertir en Bitcoin?

Después de conocer el funcionamiento de este sistema de cadena de bloques, la siguiente pregunta que se plantea es por qué hay que invertir en este Bitcoin. Y las diversas razones pueden ser proporcionadas para apoyar la inversión en Bitcoin.

¡Algunas de las razones para invertir en Bitcoin!

- El sistema de Bitcoin es completamente descentralizado, y siempre ha estado libre de esquemas centralizados de manipulación bancaria y políticas gubernamentales.

- Hoy en día cada vez más personas, las empresas ya han empezado a utilizar Bitcoin.

- Y es bien sabido que, al igual que el oro y la plata, el valor de Bitcoin no se correlaciona en absoluto con la moneda fiduciaria existente y siempre tiende a moverse de forma opuesta a las acciones y bonos disponibles en el mercado en la actualidad.

- Además, en comparación con el oro o la plata, Bitcoin ha sido subvalorado en su mayoría en la actualidad.

- El hecho importante y notable es que la oferta de Bitcoins es limitada. Hasta ahora, sólo se han extraído unos veinte millones de Bitcoins; una vez que se haya extraído la última edición de Bitcoin, el valor de bitcoin aumentará abruptamente, lo que puede suceder, por lo que parece, puede suceder en unos pocos años o en un futuro muy cercano.

- Bitcoins está descentralizado por todos los medios, y uno tendrá que preocuparse sólo por el verdadero mercado.

 Fuerzas que existen en ese instante de tiempo.

- Hoy en día la gente prefiere los Blockchains (cadenas de bloques) para revolucionar los métodos de almacenamiento y también los métodos de transacción en el futuro.

- De hecho, el uso de un Blockchain garantiza al usuario una mayor velocidad y seguridad a un menor coste y un menor margen de error que puede producirse durante la transacción habitual.

- El sistema descentralizado de la base de datos de cadenas de bloques siempre mantiene sus registros abiertos al público para que todo sea fácilmente verificable y también asegura que todas las transacciones se mantengan transparentes.

- Además, a un hacker le resultará extremadamente difícil atacar una red segura que siempre está alojada en millones de ordenadores conectados a una red al mismo tiempo.

En resumen, el modelo de Bitcoin se está expandiendo lentamente hacia el objetivo, pero también de forma constante.

Además, la comunidad técnica también está trabajando arduamente para encontrar otras formas disponibles de utilizar la tecnología de la cadena de bloques en otros campos y sectores distintos del financiero.

Los Beneficios Financieros como Inversionista

La tecnología detrás de Bitcoin es pseudónima, lo que significa que los fondos no están vinculados o relacionados con ninguna de las entidades físicas del mundo real, sino que no son más que direcciones de Bitcoin. Los usuarios o propietarios de la dirección de Bitcoin no están directamente identificados, pero todas sus transacciones realizadas en la cadena de bloques se hacen públicas.

1. Enlazar todas las transacciones

Además, todas las transacciones pueden vincularse a los particulares y a las empresas alistadas en términos de uso. Por ejemplo, todas las transacciones que tienden a gastar Bitcoins desde múltiples canales de entrada indican que las entradas pueden haber sido originadas por un usuario común y datos de transacciones públicas confirmatorias con cualquier información conocida sobre usuarios de direcciones particulares.

2. Usar las bolsas Bitcoin

Además, existen bolsas Bitcoin, en las que Bitcoins se negocia con las monedas tradicionales, pero aquí la ley puede pedir que se recojan los datos relativos a la información personal del usuario.

3. Generar una dirección Bitcoin

Para reforzar la privacidad financiera de un usuario en particular, se puede regenerar una nueva dirección de Bitcoin para cada transacción. Consideremos un ejemplo, estas carteras de cadena de bloques generan unas direcciones rodantes aleatorias anónimas para todas y cada una de las transacciones a partir de una única semilla creada por un usuario, mientras que el único requisito es una única clave de frase de contraseña que debe recordar el usuario para recuperar todas las claves de frase de contraseña privadas correspondientes. Los investigadores también han demostrado que las bolsas de Bitcoin y otras entidades relacionadas pueden proporcionar las pruebas necesarias de activos, pasivos y solvencia sin revelar las direcciones de origen utilizando pruebas de conocimiento cero de los datos de los usuarios.

4. Conozca sus reglas

Debido a la naturaleza descentralizada del sistema de Bitcoin, los países o estados no pueden cerrar la red del sistema ni intentar alterar sus normas técnicas relacionadas con el protocolo. Sin embargo, el uso de Bitcoin puede considerarse un delito penal, y el intento de cerrar las bolsas y la economía de par a par en un país determinado puede constituirse en su ley para prohibir este sistema de criptografía monetaria.

La situación legal actual del sistema Bitcoin varía sustancialmente de un país a otro y todavía se encuentra indefinida o cambiante en muchos de los países de todo el mundo. Mientras que en algunos países la ley ha permitido explícitamente su uso y comercio, muchos otros la han prohibido o restringido. Las reglas, regulaciones y prohibiciones que se aplican a Bitcoin probablemente se extienden de forma similar a otros sistemas de criptomoneda existentes en el mundo.

5. ¿Intentas hacer lo mío?

En cuanto al consumo de energía, el Bitcoin siempre ha sido criticado por las enormes cantidades de electricidad que consume la minería. Con el fin de reducir el coste de uso, los mineros de Bitcoin han establecido inventarios en lugares como Islandia, donde la energía geotérmica es barata y el aire frío del Ártico es probablemente gratuito. En lo que respecta al tiempo, los mineros chinos de Bitcoin utilizan la energía hidroeléctrica para reducir los costes de la electricidad.

La red Peer to Peer (*del inglés, "red de pares")

En la actualidad, las transacciones de Bitcoin y su posterior emisión están reguladas por una extensa red peer to peer. Esta tecnología Bitcoin utiliza un público distribuido así como una base de datos universal que se difunde a través de un canal descentralizado de red peer to peer que utiliza las firmas digitales y que pasa a estar respaldada por un protocolo de prueba de trabajo que garantiza a un cliente la seguridad y legitimidad de los fondos que se han puesto en uso.

Para garantizar que un tercer usuario, que no puede gastar Bitcoins de otras personas, cree transacciones a su nombre, utilizando un método de criptografía de clave pública. De esta manera, también es fácil verificar las firmas digitales del partido.

Cómo obtener sus propias llaves

Cada inversor tiene sus propias claves públicas y privadas que necesita guardar en una cartera segura. Sólo cuando das las claves privadas puedes acceder a tu cuenta, y sólo cuando das las claves públicas puedes hacer una transferencia.

Hoy en día Bitcoin se ha convertido en el sistema de criptomoneda más extendido. Su valor de mercado total actual se estima en más de cien mil millones de dólares. Un usuario puede intercambiar, comprar o vender Bitcoins en muchos sitios en línea. A pesar de que el uso de Bitcoin no requiere formalmente ninguna identificación de usuario, la moneda no ha permanecido completamente anónima.

¿Puede la minería de Bitcoin funcionar ahora?

Anteriormente, para acelerar el sistema de etapas iniciales, la minería de Bitcoin se diseñó para sobornar a los primeros usuarios o clientes con ganancias exponencialmente mejores que las que podrían obtener los últimos en llegar por un esfuerzo similar. En su estado actual y según lo previsto para el futuro próximo, como parte de su curva de diseño básico, no es en absoluto factible para un recién llegado a Bitcoin explotar sus propios activos en este segmento. Las actuales economías de escala también son demasiado grandes para ser manejadas, y los equipos de PC domésticos han quedado obsoletos con respecto a las últimas tendencias en el espacio tecnológico.

Por lo tanto, para unirse a la red hoy en día, los nuevos usuarios deben invertir la creciente cantidad de riqueza que antes poseían los Bitcoiners que están sentados en el espacio, sin hacer nada. Esto convierte a Bitcoin en un paraíso para los principiantes, que son los que más Bitcoins tienen en el segmento, y que no han acumulado ningún riesgo. Algunos creen que lo han exagerado para poder descargar sus Bitcoins existentes - sin embargo, es sólo una hipótesis que nunca ha sido probada. Por ahora, parece una buena inversión y sólo se espera que la cantidad aumente en un futuro próximo.

En el mismo instante de tiempo, los especuladores que aportan todo su capital disponible o la cantidad de dinero que Bitcoin vale en realidad están delimitados a la cantidad de la moneda fiduciaria colocada en las bolsas de Bitcoin, ya que se descubre que es la única manera de que el nuevo valor entre en el ecosistema actual y elimine todos los riesgos de colapso asumido, están persiguiendo una cantidad de beneficios porcentuales muy inferior a la que recibirían los usuarios iniciales.

El veredicto final

Esto también significa que el sistema funciona con oportunismo, especialmente entre las personas a las que les gusta la idea de la tecnología descentralizada, así como el dinero. Esta configuración siempre se defiende como un área aceptable de compensación y un método justo y gratificante para apuntalar el sistema actual.

Según un estudio, sólo el veintidós por ciento de los Bitcoins existentes estaban en circulación. Había un total de más de setenta usuarios activos y empresas. Curiosamente, la conclusión también indicaba que un cliente no identificado poseía una cuarta parte de todos los Bitcoins en circulación.

Y un gran propietario estaba tratando de ocultar toda su acumulación de riqueza disponible moviéndola hacia adentro y alrededor en miles de pequeños trozos de transacciones. Mientras tanto, las empresas, desde las tiendas familiares hasta las corporaciones multimillonarias, han saltado al torrente de Bitcoin para parecer más progresistas y obtener una parte del comercio de Bitcoin.

Cuando una transacción de Bitcoin tiene lugar, es sólo un cambio en el sistema de Blockchain en sí. Pero lo que sugiero es que sigas, te zambullas y te hagas rico.

Capítulo 2: ¿Necesita una cartera Bitcoin?

Las billeteras son una forma fácil de almacenar información esencial de forma virtual. Tener una billetera le ayudará a realizar transacciones de Bitcoin con mayor facilidad.

Un mito común es que las billeteras están destinadas a contener los Bitcoins. Sin embargo, el sistema hace imposible separar los Bitcoins del extenso libro de transacciones en cadena. Esta cartera registra todas las credenciales digitales que se requieren para sus existencias de Bitcoin. Como resultado, usted puede acceder a ellos cuando lo desee y utilizarlos como pago.

La red Bitcoin se basa en la criptografía de clave pública. Esto significa que genera una clave criptográfica pública y otra privada. La billetera recoge estas llaves y almacena los datos para su uso futuro.

Bitcoin le ofrece varias opciones a la hora de elegir una cartera perfecta para sus necesidades. Estos monederos de software permanecen conectados a la red, lo que significa que también puede utilizarlos para realizar transacciones. Puedes elegir entre:

Clientes completos:

Una vez que tenga una cartera de cliente completa, podrá verificar las transacciones en una copia local o en un subconjunto de la cadena de bloques directamente. Seguro y poco fiable, no requerirá que confíe en terceros que no se lo hayan ganado. Los clientes de pleno derecho son responsables de verificar la validez de los bloques minados. Esto elimina la posibilidad de que ocurran transacciones en una cadena que rompa o cambie las reglas de la red. El tamaño y la complejidad de la red impiden que sea adecuada para todos los dispositivos informáticos. Esta cartera actúa como un servidor de correo electrónico independiente que no depende de ningún servidor de terceros para realizar el trabajo.

Clientes ligeros:

Si opta por ser un cliente ligero, puede consultar a un cliente completo en caso de que desee enviar y recibir transacciones. Ni siquiera necesitará una copia local de la cadena de bloques. Es mucho más fácil y requiere menos tiempo configurar clientes ligeros. Además, puede hacerlos funcionar con poca energía y conservar la energía. Si prefiere usar su smartphone en lugar de su computadora, entonces ser un cliente ligero será ideal para usted porque la red funcionará correctamente incluso en dispositivos de bajo ancho de banda. El único inconveniente de tener esta cartera es que el usuario debe depositar un cierto grado de fe en el servidor. Dado que los clientes ligeros no tienen que comprobar la validez de la cadena de bloques, tienen que confiar en los mineros para que lo hagan por ellos. El usuario debe mantener las claves privadas a salvo para evitar el uso indebido.

Cliente web:

Ser un cliente web significa que usted se está suscribiendo a servicios que no se parecen en nada a los de la cartera completa de clientes. Este monedero depende completamente de un servidor de terceros que realiza la transacción completa. Todas las credenciales necesarias para acceder a los fondos de la cuenta Bitcoin están a cargo del proveedor de monederos en línea. Los usuarios tienen que desarrollar una relación basada en la confianza si quieren que este método de transacción de Bitcoin tenga éxito.

Si es nuevo en Bitcoin, puede elegir cualquiera de estas tres carteras para iniciar el proceso.

Desventajas:

Bitcoin no está completamente libre de la posibilidad de que la gente haga estafas. Las estafas comunes de Ponzi son básicamente programas de inversión de alto rendimiento que lo tientan con una tasa de interés más alta que la tasa de mercado existente. Luego el dinero se transfiere a una cuenta que pertenece al grupo de estafadores. Pueden ocultar bien su identidad, así que tenga cuidado.

También hay estafas mineras de Bitcoin que constituyen compañías que ofrecen pagarle una enorme cantidad de Bitcoin si les paga un cierto valor. Puede estar seguro de que nunca más se apoderará de la empresa o de los Bitcoins prometidos.

Por otro lado, las estafas de Bitcoin Exchange le darán acceso a características brillantes que su cartera normal no tiene. No caiga en esa trampa.

Las estafas de billetera de Bitcoin han estado haciendo las rondas durante bastante tiempo, en las que se le pide directamente su dinero. La dirección proporcionada transferirá los fondos a ellos en lugar de a usted.

Conclusión:

Dicho esto, Bitcoin, con su transparencia y seguridad, anuncia el futuro tanto de las finanzas como de la computación. Vale la pena su inversión.

Capítulo 3: Pasando a Blockchain

¿Qué necesita saber acerca de Blockchain?

Blockchain es el futuro de las transacciones financieras, y el futuro de la conservación de datos. Ayuda a realizar un seguimiento minucioso de los procesos y permite una forma segura de transferirlos a través de una red a otra a un coste mínimo. Echaremos un vistazo a cómo funciona a continuación.

Historia:

La idea de una cadena que sería asegurada por la criptografía primero encontró su camino al mundo a través de las mentes de Stuart Haber y W. Scott Stornetta.

Bayer, Haber y Stornetta introdujeron los árboles de Merkle en su diseño de una cadena de bloques que mejoró aún más el diseño. La cadena de bloques permitiría ahora recoger un gran número de documentos en ella.

Como se mencionó anteriormente, la base de datos de la cadena de bloques es operada automáticamente por un servidor de sellado de tiempo. Nakamoto introdujo la cadena de bloques en 2008 y luego esperó un año para usarla para la moneda digital bitcoin. La cadena de bloques es la única razón por la que Bitcoin pudo eliminar el problema del doble gasto, lo que ha contribuido en gran medida a su popularidad.

Fue en 2014 cuando la cadena de bloques bitcoin hizo un récord cuando el tamaño de almacenamiento alcanzó los 20 GB. Contenía los registros de todas las transacciones que se habían realizado a través de la cadena de bloques. En 2015, la cifra casi alcanzó los 30 GB, tras lo cual se produjo un aumento fenomenal. Entre enero de 2016 y enero de 2017, el tamaño de la cadena de bloques de Bitcoin pasó de sólo 50 GB a 100 GB.

Satoshi Nakamoto tenía la intención de que el término fuera "cadena de bloques", pero la cadena de bloques de una sola palabra había cobrado más impulso en 2016.

La introducción del blockchain 2.0 revolucionó aún más el concepto de un blockchain. Incorporó varias aplicaciones nuevas a la base de datos de bloques distribuidos. Esta cadena de bloques programable de segunda generación fue una gran ayuda para todas las industrias por igual. La tecnología Blockchain 2.0 podría utilizarse para realizar funciones importantes además de las transacciones. Podría intercambiar casi cualquier cosa de valor siempre y cuando fuera parte de esta economía global.

La tecnología de cadena de bloques de segunda generación ha sido programada de tal manera que puede almacenar el ID digital y la persona de un individuo. Algunos dicen que tiene el potencial de ayudar a erradicar la brecha de riqueza que aún existe en el mundo.

Blockchain y Seguridad Avanzada:

Como se mencionó anteriormente, una cadena de bloques está descentralizada y por lo tanto elimina el riesgo de que los hackers tengan acceso al espacio de almacenamiento que contiene todos los datos. La red no tiene ningún punto de vulnerabilidad centralizado que la haga susceptible al ataque de los hackers. El sistema de "nombre de usuario/contraseña", que la mayoría de nosotros utilizamos para mantener nuestra identidad privada y proteger nuestros datos y activos en línea se puede omitir fácilmente, lo que significa que existe un alto riesgo de seguridad.

Por otro lado, la tecnología de cadenas de bloques utiliza claves duales y un método de encriptación que es difícil de superar. Estas "llaves" públicas y privadas ayudan a una persona a mantener su identidad en secreto porque no pueden ser rastreadas hasta un individuo en particular.

Una "clave pública" se refiere a una cadena de caracteres bastante larga pero generada aleatoriamente y compuesta por números. Esta es la dirección de usuario que uno tiene en la cadena de bloques y cualquier transacción hacia o desde ella sólo podrá dar la clave pública. Incluso los hackers más avanzados no podrán conectarlo a la clave privada.

Al llegar a las claves privadas, son una contraseña que ayuda al propietario a acceder a sus activos digitales que se almacenan en la red de bloques. Nadie más que usted debería saber de esta cadena de números en particular. Mientras lo mantenga en secreto, sus datos serán prácticamente incorruptibles.

Tecnología Bitcoin y Blockchain :

Existe un mito común de que Bitcoin y blockchain son la misma cosa. El mito surge del hecho de que ambos fueron ideados con sólo un año de diferencia, pero no es cierto. Bitcoin es una criptomoneda simple que depende del sistema de bloques para funcionar eficientemente. Aquí hay que saber por qué Satoshi desarrolló la cadena de bloques para introducir Bitcoin en el mundo.

Una cadena de bloques es extremadamente conveniente ya que requiere un mantenimiento mínimo. Dado que no existe una autoridad central de confianza, los usuarios no tienen que depositar su fe donde no quieren.

Existe una red de nodos comunicantes que se encargan de mantener el software en funcionamiento. Los nodos de red tienen el poder de validar todas sus transacciones y realizar el registro en el ledger (*del inglés "libro mayor" global para que pueda ser transmitido a otros nodos.

Dado que la cadena de bloques es una base de datos distribuida, todos los nodos de la red tienen que almacenar una copia de la misma para poder realizar una verificación independiente. Se crea un nuevo grupo de transacciones, también llamado bloque, que pasa a formar parte de la cadena de bloques casi seis veces en cada hora. La información también se publica en los nodos.

La cadena de bloques puede ayudar a averiguar cuánta moneda se ha utilizado para eliminar las posibilidades de doble gasto. A diferencia de un libro de contabilidad convencional que realiza un seguimiento de las facturas o pagarés, una cadena de bloques representa las transacciones de Bitcoin como salidas no utilizadas.

Los mineros verifican y recogen las nuevas transacciones transmitidas en bloques una y otra vez. Todos los bloques están diseñados para tener un hash criptográfico de bloque que le precede y que actúa como un eslabón creando una cadena interminable.

Todos los nuevos bloques tienen que ser elegibles para unirse primero a esta cadena. Deben tener una prueba de trabajo, lo que significa que los mineros están obligados a encontrar un número que se conoce comúnmente como el nonce. Si el contenido del bloque se hashara con este número, el resultado sería menor que el objetivo de dificultad de la red Bitcoin. Aunque los nodos pueden verificar el resultado de esta prueba, es difícil crear este hash criptográfico. También lleva tiempo porque los mineros utilizan un método de ensayo.

El objetivo de dificultad depende del rendimiento reciente de la red y se modifica cada 2.016 bloques. El objetivo es mantener un tiempo medio de diez minutos entre bloques nuevos. Como resultado, el sistema se ajusta a la potencia minera disponible.

El sistema de prueba de trabajo, cuando se combina con el encadenamiento de bloques, es una fuerte protección de seguridad contra los atacantes que quieren modificar la cadena de bloques de alguna manera. Un hacker tiene que seguir cambiando los bloques subsiguientes si quiere que el sistema acepte incluso un bloque modificado.

Hay nuevos bloques que se están formando y extrayendo todo el tiempo, lo que sólo aumenta la cantidad de dificultad que uno puede enfrentar cuando se manipula la cadena de bloques. Los bloques se cortan del sistema cuando se finalizan las operaciones.

Características de Blockchain:

Una cadena de bloques tiene un conjunto de características únicas que la hacen especial entre las diversas innovaciones digitales del siglo XXI.

Las transacciones que usted realiza son irreversibles:

Una vez que realice una transacción con la ayuda de una cadena de bloques y reciba una confirmación de que ha tenido éxito, no podrá anularla bajo ninguna circunstancia. De hecho, ninguno de los miembros de la red podrá ayudarte tampoco. No hay ninguna laguna jurídica que se pueda aprovechar para deshacer la transacción por completo. Una vez que envíe dinero, no podrá recuperarlo. Incluso si hay un error que debe corregirse, el sistema es tal que no deja espacio para anular operaciones. Dado que no existe una red de seguridad, lo mejor es que siempre piense bien las cosas antes de transferir fondos en una cadena de bloques.

Esté Absolutamente Seguro:

Como hemos mencionado anteriormente, la principal ventaja de realizar transacciones o hacer casi cualquier cosa con una cadena de bloques es que el sistema de seguridad instalado es casi impenetrable. Los mejores criptógrafos del mundo han trabajado en el desarrollo del sistema de cadena de bloques, lo que resulta tranquilizador para todos los usuarios. Dado que la red es pública y puede ser fácilmente verificada, los hackers encontrarán difícil meterse con ella.

Sus deseos son los únicos que importan:

Cuando se trata de usar criptomoneda usando una cadena de bloques, usted es libre de comenzar y parar cuando quiera.

No hay ninguna regla dura y rápida que lo vincule al sistema o que le impida unirse a él en primer lugar. Usted no necesita obtener permiso de un grupo particular de personas o de un cuerpo. Puede descargar el software gratuito y empezar a trabajar sin problemas. Una cadena de bloques no tiene un gatekeeper (*del inglés "guardián de la puerta de entrada") porque está totalmente descentralizada.

Se extiende por todo el mundo, pero sigue manteniendo una alta velocidad al realizar el trabajo:

Si desea un sistema que no sólo sea rápido y eficiente, sino que también tenga un alcance global, entonces la cadena de bloques se ajusta perfectamente a la factura. Cualquier transacción que inicie se propagará en pocos segundos a través de la red, sin importar cuán lejos se encuentre de la ubicación real del destinatario. Muy pronto recibirá una confirmación del éxito de su transacción. La red global de computadoras no tiene en cuenta su ubicación física, lo que hace de la cadena de bloques una entidad global en crecimiento en el mundo de las finanzas.

¿Para qué se puede utilizar Blockchain?

Lo que comenzó como una herramienta para mejorar el mundo virtual de las finanzas, ahora está equipado para ser útil para casi todas las demás empresas. Usted no tiene que saber mucho sobre Blockchain para poder usarlo.

Bitcoin se ha convertido en una criptocurrencia global gracias a su red de cadenas de bloques, como resultado de la cual la tecnología sigue encontrando el máximo uso en el mundo de las finanzas. Cualquiera que diseñe una nueva moneda digital necesita desarrollar una cadena de bloques para que tenga éxito. Ya que ayuda a eliminar al intermediario en todo tipo de transacciones, el público en general aprecia estas billeteras que mantienen sus registros financieros de manera impecable.

Ahora, las cadenas de bloques son utilizadas por diferentes empresas para recopilar datos sobre sus ventas y compilarlos. El sistema de contabilidad permanente y transparente ayuda a la empresa a progresar minimizando la contribución humana. La entidad digital toma el control y puede ser programada de tal manera que todas las tareas puedan ser realizadas con la menor cantidad de trabajo.

Una cadena de bloques también se utiliza como un servicio de seguimiento para vigilar las piezas de valor que han encontrado su camino hacia la cadena de suministro.

Incluso los principales condados están haciendo todo lo posible por incorporar cadenas de bloques en el sector digital. Por ejemplo, Rusia ha tenido éxito en la implementación de la primera cadena de bloques a nivel gubernamental. Además, el banco Sberbank se asoció con el Servicio Federal Antimonopolio (FAS) de Rusia en 2017 porque quieren trabajar en el concepto de transferencia y almacenamiento de documentos utilizando cadenas de bloques.

Las transacciones en línea que se realizan a través de una cadena de bloques están vinculadas a un elaborado proceso de verificación de identidad. Las aplicaciones de monedero de cadena de bloques podrían convertirse en una forma de gestión de identidades en los próximos años.

¿Qué ofrece Blockchain?

Usted se estará preguntando cómo se beneficiarán las empresas al usar Blockchain.

Contratos inteligentes:

Puesto que las cadenas de bloques son ledgers distribuidos, pueden ayudarle a codificar contratos simples que se ejecutarán automáticamente cuando se cumpla un conjunto de condiciones. Los contratos inteligentes son flexibles y se pueden programar para que realicen incluso las funciones más simples con relativa facilidad. Estos contratos son beneficiosos para un negocio en crecimiento.

Gobernanza:

Una cadena de bloques le da acceso a una red que no sólo es completamente transparente sino que también puede ser accedida públicamente. El concepto de una base de datos distribuida puede ayudar a que las elecciones sean libres de corrupción. Cualquier encuesta que tenga la posibilidad de ser presa de actividades ilegales puede ser automatizada con la ayuda de la cadena de bloques.

Crowdfunding:

Desde hace bastante tiempo, el crowdfunding se ha convertido en una forma popular de recaudar dinero para proyectos atractivos. El público quiere contribuir directamente al desarrollo de productos. Las cadenas de bloques ayudan a recaudar fondos de capital de riesgo de fuentes multitudinarias porque hacen que el sistema de pago sea tan fácil. Muchas plataformas lo están utilizando ahora.

Economía compartida:

El concepto de una economía compartida ha cobrado impulso en los últimos años. Una cadena de bloques permite pagos entre iguales, lo que significa que las partes pueden interactuar directamente entre sí y que es la base de una economía compartida descentralizada.

Auditoría de la cadena de suministro:

Los clientes son cada vez más conscientes y quieren saber los detalles elaborados de cualquier producto en el que inviertan. Quieren asegurarse de que las afirmaciones éticas de una empresa se basen en la verdad. Los libros distribuidos pueden ayudar a rastrear la historia de cualquier cosa que compremos. Podemos verificar si un producto es genuino debido al método de estampado de tiempo de la cadena de bloques.

Almacenamiento de archivos:

¿Alguna vez ha sentido el pánico de borrar accidentalmente una carpeta que tenía todos sus archivos importantes? También puede ocurrir en el mundo virtual. Una solución fácil a este problema es descentralizar su sistema de almacenamiento de archivos. Dado que los datos se distribuyen a través de la red, se reduce el riesgo de piratería o pérdida.

Protección de la propiedad intelectual:

La desventaja de Internet es que cualquiera puede copiar información digital y hacerla pasar como propia. Si bien esta distribución de datos es lo que hace que Internet sea tan importante para nosotros, los titulares de derechos de autor a menudo sufren al perder su propiedad intelectual. Con la ayuda de contratos inteligentes se puede automatizar la distribución y venta de obras creativas.

Mercados de predicción:

Puede realizar predicciones de crowdsource basadas simplemente en la probabilidad de eventos utilizando la red de cadenas de bloques. Resultan ser muy precisos porque la opinión promedio está libre de sesgos indebidos. Hay un gran número de mercados de predicción que recompensan a la gente por sus suposiciones correctas utilizando cadenas de bloques.

Gestión de identidades:

La web necesita un sistema superior de gestión de identidades porque el comercio virtual depende de ella. Cualquier transacción que ocurra debe ser debidamente verificada. Las cadenas de bloques, al ser distribuidas en los libros de contabilidad, le ayudarán a organizar su identidad digital y le permitirán probarlo.

Negociación de acciones:

Las cadenas de bloques hacen que la liquidación de acciones sea mucho más fácil en el mundo de la negociación de acciones. Las transacciones de par a par ayudan a que las confirmaciones de operaciones sean instantáneas al eliminar a todos los intermediarios. Un gran número de bolsas de valores y de productos básicos ya están creando prototipos de aplicaciones basadas en la cadena de bloques para este fin.

Conclusión:

Las cadenas de bloques son una pieza revolucionaria de la tecnología que cambiará a Internet tal y como la conocemos. Es importante ser parte de este cambio y adaptarse a él.

Capítulo 4: Todo lo que necesita saber sobre Ethereum

Introducción:

Si le interesa la tecnología, es posible que haya oído hablar de la plataforma pública Ethereum. El funcionamiento de esta plataforma de computación de código abierto, que funciona bajo el principio de la cadena de bloques, está integrado en desarrollos de software avanzados. Ethereum nació cuando Vitalik Buterin, un programador de criptomoneda, propuso la idea en 2013. El financiamiento para el proyecto provino de una venta en línea que se llevó a cabo en 2014. Desarrollada por una organización suiza sin fines de lucro llamada Ethereum Foundation, la plataforma pronto se hizo muy popular entre los entusiastas de la tecnología.

En caso de que esté planeando invertir en esta plataforma, es mejor que conozca todos los aspectos de la misma. Sin embargo, para entender cómo funciona Ethereum y por qué está tomando el digital por asalto, primero tiene que aprender acerca de la cadena de bloques.

El Proyecto DAO:

El proyecto del DAO colapsó en 2016 causando que Ethereum se descompusiera en dos cadenas de bloques diferentes - Ethereum (ETH), y Ethereum Classic (ETC). Sin embargo, la historia es más profunda.

El Ethereum, debido a su naturaleza descentralizada, es conocido por ser a prueba de hackers. Sin embargo, el 2016 fue testigo de un evento que cambió el curso de la plataforma para siempre. Una startup que estaba creando un proyecto DOA llamado "The DAO" fue pirateado y eso condujo a un gran número de problemas.

Desarrollado y programado por un equipo de Slock.it que fue otra startup, el proyecto quería establecer una empresa de capital de riesgo sin recursos humanos. Los inversores podrían tomar decisiones sensatas a través de contratos inteligentes. El proyecto fue financiado a través de una venta simbólica y fue extremadamente rentable a largo plazo.

Sin embargo, tan pronto como el proyecto ganó suficientes fondos para ponerse en marcha, un atacante desconocido lo pirateó y robó una parte significativa de Ether que ascendería a 50 millones de dólares. Después de mucha investigación, se encontró que un fallo técnico en el software DAO ha sido la causa de la piratería informática. Sin embargo, Ethereum se quedó para recoger los pedazos rotos y sacar lo mejor de la situación.

La comunidad Ethereum tomó la decisión de recuperar el Ethereum robado con la ayuda de un tenedor. En términos simples, querían cambiar el código en sí mismo. Los fondos robados fueron transferidos a un nuevo contrato inteligente que fue programado para permitir a los propietarios originales retirar sus propios tokens.

Esto se convirtió en una decisión controvertida en la historia de Ethereum porque la plataforma iba en contra del comportamiento de la tecnología de las cadenas de bloques, que era una forma de asegurar que todas las transacciones fueran irreversibles.

Cambiar una cadena de bloques repetidamente la hace más vulnerable y compromete su seguridad. Por lo tanto, el tenedor duro violó las reglas básicas de la cadena de bloques. Sin embargo, una solución de horquilla blanda sería arriesgada porque el fracaso significaría la destrucción de la imagen pública de Ethereum.

Así que la comunidad de Ethereum se dividió al tomar la decisión de ir a por un tenedor duro. Los que no dieron su consentimiento hoy forman el Ethereum classic y todos los demás miembros constituyen Ethereum. Ambas cadenas de bloques tienen exactamente las mismas características. Su única diferencia radica en cómo se desarrolló la historia.

Permítanos empezar por el principio:

Blockchain fue ideado por alguien que utiliza el seudónimo Satoshi Nakamoto para mantener en secreto su identidad.

Esta tecnología está diseñada de tal manera que permite la distribución de información digital sin ningún requisito adicional de copia.

La cadena de bloques está cambiando Internet tal como la conocemos porque cada vez más industrias la están adoptando. Aunque se introdujo originalmente para las transacciones de Bitcoin, sus otros usos potenciales están avanzando lentamente. Bitcoin es otro tipo de criptomoneda que se ha apoderado de Internet en los últimos años.

Una cadena de bloques se programa básicamente en forma de un libro de contabilidad digital que mantiene un registro de las transacciones económicas. Puede que no sea dinero lo que usted quiere rastrear, quizás algo más valioso, y una cadena de bloques le permitirá hacerlo.

Existe una base de datos centralizada que se actualiza constantemente con la adición de nuevos datos. Puede imaginarlo como una hoja de cálculo que lista toda la información nueva en el mismo lugar para que pueda acceder a ella fácilmente.

Una cadena de bloques es una base de datos compartida donde los datos no se almacenan en una sola ubicación que puede ser pirateada. Dado que la base de datos es pública y puede ser verificada en cualquier momento, es casi incorruptible. Millones de usuarios de computadoras pueden alojar una cadena de bloques al mismo tiempo, lo que la hace muy conveniente.

Entonces, ¿qué es Ethereum?

La creación de aplicaciones de cadena de bloques nunca fue una tarea fácil porque requiere una codificación compleja, criptografía y un conocimiento completo de las matemáticas. Sin embargo, el tremendo salto tecnológico ha abierto muchas puertas. Las aplicaciones que antes ni siquiera podían ser visualizadas ahora están funcionando bien. Ethereum se ha hecho un hueco en este mercado al proporcionar a los desarrolladores todas las herramientas esenciales para crear aplicaciones descentralizadas.

Ethereum puede ser descrito como una plataforma descentralizada que puede ejecutar eficientemente contratos inteligentes en su propia cadena de bloques construida a medida. La cadena de bloques es extremadamente poderosa y es una infraestructura global que puede ser ajustada cuando se determina el valor de cualquier objeto o propiedad.

Los desarrolladores de aplicaciones podrán crear mercados y mantener un registro de todas las deudas y promesas. Incluso tendrán el poder de transferir fondos siguiendo instrucciones específicas sin tener que pasar por un intermediario. Esto eliminará el riesgo de involucrar a un tercero en cualquier tipo de transacción.

¿Qué son los contratos inteligentes?

Los contratos inteligentes son en realidad una forma de código informático que puede ayudar a facilitar las transacciones financieras y la transferencia de cualquier cosa que tenga valor, incluidos el contenido, la propiedad y las acciones. Cuando estos contratos están operando en la cadena de bloques, empiezan a actuar como programas informáticos autoconstruidos. Sin embargo, sólo comienzan a trabajar cuando se cumplen todas las condiciones requeridas.

Se trata de aplicaciones que no se desvían del código de programación original cuando se ejecutan. No hay posibilidad de que el tiempo de inactividad, el fraude, la interferencia de terceros o la censura interrumpan las aplicaciones.

La mayoría de las cadenas de bloques pueden procesar código, pero hay ciertas limitaciones que se les imponen. Ethereum lo trasciende y da a los desarrolladores el poder definitivo. No viene con una lista de operaciones, sino que permite a los desarrolladores crear sus propias operaciones cuando las necesiten. De él pueden nacer miles de aplicaciones, lo que hace que la plataforma sea tan impresionante.

Máquina virtual Ethereum:

Ethererum viene con la Máquina Virtual Ethereum descentralizada, comúnmente conocida como EVM. Tiene la tarea de ejecutar scripts con la ayuda de una elaborada red pública internacional de nodos. El Ethereum puede utilizarse como compensación para los nodos participantes después de realizar los cálculos.

La EVM es esencial para que los contratos inteligentes funcionen correctamente porque proporciona el entorno perfecto. Se almacena en una caja de arena y se mantiene separado de la red y del sistema informático del host. Todos los nodos ejecutan una implementación de EVM y trabajan de acuerdo a las instrucciones que reciben.

Las máquinas virtuales Ethereum son compatibles con Go, Haskell, C++, Java, Ruby, Rust, JavaScript y Python.

El EVM es un software completo de Turing que le permitirá ejecutar cualquier programa que desee en la red en las condiciones correctas.

Ha simplificado el proceso de creación de aplicaciones de cadenas de bloques y lo ha hecho más eficiente que nunca.

La plataforma también tiene un mecanismo de fijación de precios de transacción integrado internamente que se llama Gas. Elimina el spam y garantiza la correcta asignación de recursos.

¿Es Ethereum diferente de Bitcoin?

Ethereum tiene una similitud con Bitcoin al ser una red pública distribuida de cadenas de bloques. Sin embargo, hay ciertas diferencias entre los dos que se destacan.

La mayor diferencia entre Ethereum y Bitcoin es que fueron construidos para propósitos diferentes. Como resultado, tienen capacidades distintas que no comparten entre sí.

Bitcoin es en realidad sólo una parte del todo. Utiliza la tecnología de bloques de una manera particular, que es establecer un sistema de dinero electrónico de par a par para que los pagos de Bitcoin sean exitosos. Por otro lado, la cadena de bloques Ethereum es útil para crear códigos de programación para aplicaciones descentralizadas. Ethereum no te deja minar por una moneda digital. En cambio, se supone que los mineros deben trabajar y pueden ganar un token criptográfico llamado "Ether" que puede mejorar la red. Ehter puede ser utilizado como una criptomoneda negociable o como un activo para cumplir con los requisitos monetarios de las transacciones y otros servicios de la red Ethereum.

¿Por qué Ethereum utiliza la tecnología de cadenas de bloques?

Los servidores tradicionales son tales que todas sus aplicaciones tendrán servidores separados que implementarán su código en silos aislados. Esto dificulta que el público comparta los datos de manera flexible. El mal funcionamiento de incluso una aplicación puede terminar afectando a otros usuarios y al software.

Sin embargo, como una cadena de bloque, los usuarios pueden crear nodos que tendrán réplicas de los datos necesarios tanto para los nodos como para los usuarios. Como resultado, los datos del usuario permanecen estrictamente privados mientras que las aplicaciones se descentralizan creando un espacio fácil para trabajar.

¿Qué puede hacer con Ethereum?

Si es un desarrollador al que le encanta experimentar, entonces le encantará la plataforma Etherum porque tiene muchas características diferentes para mantener fascinados a los usuarios. La flexibilidad de su diseño la convierte en una plataforma multifacética.

Usted puede lograr mucho invirtiendo en Ethereum. A continuación se enumeran las características más populares de la plataforma:

Mantenga sus activos seguros:

La Cartera Ethereum le permite acceder a todas las aplicaciones descentralizadas que están disponibles en la cadena de bloques Ethereum. La Cartera le permite conservar y almacenar la moneda Ethereum, también conocida como Either junto con cualquier otro criptoactivo que usted construya sobre Ethereum. Puede estar seguro de la seguridad de su moneda y sus objetos de valor, ya que la red de cadenas de bloques permite poco margen para la piratería informática maliciosa. La Cartera también se puede utilizar si está interesado en implementar y utilizar contratos inteligentes. La sencilla plantilla que se entrega con la Cartera hará que la creación de contratos sea mucho más fácil.

Diseñar una criptomoneda y emitirla para su uso:

Usted sabe que el mundo digital tiene ahora un gran número de monedas digitales que pueden ser utilizadas como dinero regular para llevar a cabo diferentes transacciones. ¿Desea crear su propio token digital intercambiable? Podrá representarlo como un activo, lo que significa que podrá utilizarlo como moneda. También significará una acción virtual y será una prueba de membresía. Los tokens que usted creará tendrán una API de monedas estándar como resultado de la cual su contrato será compatible con todos los monederos y otros contratos automáticamente sin que usted tenga que hacer un esfuerzo adicional.

Puede fijar la cantidad total de fichas que deben estar en circulación o dejar que fluctúen. Ahora construya su propio banco central que emitirá su criptomoneda basado en rompecabezas para usted.

Comience su proyecto con una venta al por mayor:

La falta de fondos y recursos es un gran obstáculo para aquellos que quieren hacer realidad sus ideas. Si usted es alguien que tiene toneladas de ideas para Ethereum pero necesita ayuda y fondos para poner en marcha el proyecto, entonces puede dar un suspiro de alivio. La propia plataforma ha tomado medidas para tal situación. Le permite crear un contrato que mantendrá el dinero del contribuyente hasta que usted alcance una meta fija. Si tiene éxito, entonces recibirá la financiación para el proyecto. En caso de no cumplir con la fecha límite, el dinero será devuelto. La mejor parte de este sistema es que no requiere un árbitro centralizado, lo que significa que nadie tiene que depender únicamente de la confianza. El crowdfund puede ayudarle a pre-vender un producto o incluso a vender acciones virtuales en la plataforma del blockchain.

Establecer una organización democrática:

Una vez que su idea haya sido implementada y los fondos estén en su lugar, es su deber establecer una organización que sea democrática y autónoma. Puede contratar a gerentes para que se encarguen del trabajo diario. Un Director Financiero leal se encargará de todas sus cuentas mientras usted asiste a las reuniones de la junta directiva y realiza el papeleo.

Sin embargo, Ethereum puede hacer su trabajo mucho más fácil. Una vez redactado el contrato, éste recogerá suficientes propuestas de todos sus partidarios. A continuación, los presentará mediante un proceso de votación transparente.

La fuerza externa en forma de robot llevará a su organización a la perfección. La principal ventaja de que un robot tome decisiones es que no cede a las emociones ni a la influencia indebida. Sólo realizará las tareas que se mencionan en su código de programa. La red descentralizada de Ethereum le permitirá garantizar un tiempo de actividad del 100% en todos sus servicios. Basándose en el voto de los accionistas, esta asociación seguramente tendrá éxito.

Cree una aplicación descentralizada absolutamente nueva:

Para cualquier desarrollador, la parte más emocionante de un proyecto es diseñar la aplicación principal y decidir cómo funcionará. Ethereum es la plataforma perfecta para desarrollar sus ideas porque es criptográficamente seguro y descentralizado.

Proyectos sobre Ethereum:

La plataforma Ethereum da lugar a aplicaciones que se extienden a través de una serie de servicios e industrias, lo que significa que siempre hay una variedad saludable. No es posible saber qué aplicación tendrá éxito hasta que esté terminada y puesta a prueba, pero hay nuevos proyectos que comienzan cada día. Eche un vistazo a algunos de estos interesantes proyectos:

We Fund está diseñado para hacer más fáciles las campañas de financiación de multitudes al proporcionar una plataforma abierta donde se pueden realizar contratos inteligentes. Las contribuciones se transforman automáticamente en activos digitales respaldados por contrato que pueden utilizarse para transacciones, tanto de venta como de comercio.

BlockApps quiere ayudar a las empresas a crear, manejar y desplegar aplicaciones de cadena de bloques tan fácilmente como sea posible. Está integrado con los sistemas heredados y tiene sistemas de producción completos. BlockApps tiene todas las herramientas esenciales para crear aplicaciones de cadena de bloques privadas, semiprivadas y públicas para las diferentes industrias.

Provenance confió en Ethereum para ayudar a que las cadenas de suministro fueran más transparentes para los consumidores y el público en general. Se rastreó la historia de todos los productos para que exista un marco de información abierto y accesible que la gente pueda consultar antes de hacer compras. Su intención principal era ayudar al público a tomar decisiones más informadas.

Con *Uport*, los usuarios pueden tener un control total de la información relativa a su identidad y a su vida personal. Es una manera segura y conveniente de establecerse como el único que puede decidir qué puede acceder a qué datos sobre ellos. Esta aplicación elimina la necesidad de terceros como instituciones gubernamentales, ya que el usuario puede cambiar la visibilidad de su información personal en cualquier momento.

Augur es una plataforma de previsión de mercado y es uno de los proyectos más interesantes de Ethereum. Si uno puede pronosticar un evento correctamente, entonces es recompensado en consecuencia. Esto incluye predicciones sobre eventos del mundo real, pero la predicción se realiza mediante la negociación de acciones virtuales. Una acción ganadora conduce a un beneficio monetario.

Conclusión:

Mientras que el hack del DAO fue un obstáculo en el camino del éxito de Ethereum, la plataforma se está moviendo ahora a partir de él. Su plataforma fácil de usar ayuda a aprovechar la tecnología de las cadenas de bloques como nunca antes.

Si antes la descentralización se estaba popularizando, entonces Ethereum le ha dado un impulso adicional. Puede invertir con seguridad en Ethereum o empezar a crear tu propia aplicación.

Érase una vez: el dinero era puramente un activo físico. Pero los tiempos han cambiado, y hoy en día existen numerosas monedas digitales que son tan efectivas como el efectivo en el manejo de las transacciones. También llamada criptomoneda, la moneda digital ha revolucionado el mundo de los negocios tal como lo conocemos.

Después de la debacle de Ocupar Wall Street, cuando los principales bancos fueron acusados de abusar de su poder y manipular el sistema, surgió la necesidad de un método de transacción que no engañara a los clientes para que pagaran tarifas exorbitantes.

Bitcoin fue ideado por Satoshi Nakamoto, cuya identidad sigue siendo desconocida hasta la fecha. Es eficaz para eliminar al intermediario y aumentar la transparencia del proceso durante las transacciones. Para asegurarse de que el sistema de Bitcoin funcionara a la perfección, Satoshi conceptualizó la primera cadena de bloques en la historia de la tecnología. El sistema descentralizado o una cadena de bloques permitía al usuario estar a cargo de sus fondos en todo momento.

Esta criptomoneda ha ganado una inmensa popularidad mundial en poco tiempo, ya que funciona sin un banco central y se basa completamente en una red peer-to-peer. Todas las transacciones pueden ser verificadas con la ayuda de nodos de red, después de lo cual se anota en el registro de la cadena de bloques que se asemeja a un libro mayor distribuido públicamente. Este libro de contabilidad se actualiza constantemente con información cada minuto.

El proceso es casi inmune a la piratería informática, lo que significa que sus fondos siempre estarán seguros. Dado que no existe una única base de datos que contenga todos los datos valiosos de los usuarios, es incorruptible.

Conclusión

¡Gracias de nuevo por descargar este libro!

Espero que este libro haya podido ayudarle.

Finalmente, si usted disfrutó de este libro, entonces me gustaría pedirle un favor, ¿sería tan amable de dejar una crítica para este libro? Se lo agradecería mucho.

¡Haga clic aquí para dejar una reseña de este libro!